LAMARTINE

PARIS. — TYP. WALDER, RUE BONAPARTE, 11.

LAMARTINE

Imp. F. Chardon A. 30, r Hautefeuille. Paris.

LAMARTINE

PAR

EUGÈNE DE MIRECOURT

PARIS

GUSTAVE HAVARD, ÉDITEUR

15, RUE GUÉNÉGAUD, 15

1855

LAMARTINE

Que le public prenne garde de se tromper à notre œuvre. I aurait tort de croire que nou cherchons un succès de scandale.

Nous sommes porté à l'éloge beaucoup plus qu'à la critique.

Lorsqu'une pénible vérité se rencontre

au milieu d'une page, il faut bien la dire
pour rester fidèle à notre devoir de consciencieux biographe. Où serait le prix de
la louange si nous l'accordions indistinc-
tement à tous?

Chacun néanmoins n'a pas le droit de
prendre la parole, quand il s'agit de nos
illustrations et de nos gloires.

Si le poëte a des faiblesses, il n'appartient qu'à un honnête homme, qu'à un
écrivain courageux, de soulever le voile
qui les cache, parce que le but de cet
homme est louable, parce que l'écrivain
est là, sur la brèche, toujours prêt à pa-
raître et à répondre de sa plume. S'il fait
voir une tache au soleil, c'est pour que
cette tache s'efface et que l'astre brille
ensuite d'un éclat plus pur.

Mais qu'une Phryné de Mabille, qu'une ignoble Aspasie, sous prétexte d'écrire ses *Mémoires*, et certaine que le mépris empêchera de lui répondre, vienne baver son déshonneur sur un poëte et le traîne impunément dans la honte où elle se vautre, non ! non ! Voilà ce que la vindicte publique doit flétrir.

Silence, prostituée ! courbe le front dans ta boue, et n'insulte pas le génie !

Quant à vous, bourgeois voltairiens, achetez ce livre abject, faites-le lire à vos femmes [1], soulignez avec satisfaction la page ignominieuse, mais n'essayez pas de le mettre sous nos yeux.

---

[1] On nous affirme qu'un libraire très-connu le donne à lire à sa nièce.

C'est à votre immoralité sourde, à votre or impudique, à vos goûts dépravés, que le siècle doit cette littérature de lupanar, commençant aux *Mémoires de Lola Montès* et finissant à ceux de *Mogador*.

On vous doit le succès du vice, le triomphe de l'impudeur.

Nous jetons aujourd'hui ce cri de colère, parce qu'on est venu nous montrer ces lignes révoltantes, croyant que nous allions en être satisfait.

Fi donc !

Si parfois nous sommes sévère, nous n'entendons encourager ni la diffamation ni l'outrage. Qu'une main impure se lève du trottoir et présente une coupe d'opprobre au personnage qui a le plus à se plaindre de notre franchise, nous cinglerons impitoyablement la main d'un coup de fouet, et nous briserons la coupe.

A bon entendeur, salut!

M. de Lamartine, dont nous allons commencer la notice biographique, et qui, sur bien des points, n'obtiendra pas nos éloges, est un de ces caractères puissants auxquels nous pouvons dire la vérité sans crainte, comme nous l'avons dite à M. Alfred de Musset, tout en les défendant, si l'occasion se présente, contre une insulte de mauvais lieu.

L'homme est toujours homme, son histoire a deux faces. Sur le plus beau tableau se projettent des ombres.

Alphonse de Lamartine est né le 21 octobre 1791, à Mâcon, place de l'Église-Nouvelle.

Son grand-père, si nous en croyons quelques biographes, avait eu l'intendance générale des biens de la famille d'Orléans, et son père était capitaine dans un régiment de chevau-légers [1].

Refusant de tendre la main aux terroristes, ce dernier quitta Paris, vers 1794, avec sa femme et ses enfants.

Il se retira dans ses terres.

A cette époque sinistre, il en fallait beaucoup moins pour être en butte aux soupçons et se voir conduire à la guillotine. Des ordres du comité de salut public

[1] On a prétendu que le nom de Lamartine était un pseudonyme. Cela est faux. Le capitaine de cavalerié portait le titre de chevalier de Lamartine. Seulement, en Bourgogne, pour le distinguer de ses frères, on le nommait de Prât, du nom d'une terre que l'aïeul possédait en Franche-Comté.

arrivèrent à Mâcon, et le père de Lamartine fut plongé dans un cachot.

Heureusement, quelques mois après,
au 9 thermidor, la hache tomba des mains
des bourreaux.

Le capitaine fut rendu à sa famille.

Craignant pour les siens plutôt que pour
lui-même le retour de la tempête révolutionnaire, il résolut de mener la vie de
gentilhomme campagnard, et choisit pour
retraite ce vieux château de Milly, perdu
dans une contrée presque sauvage, et qui
a laissé pourtant à son fils de si délicieux
souvenirs.

Voilà le banc rustique où s'asseyait mon père,
La salle où resonnait sa voix mâle et sévère,
Quand les pasteurs, assis sur leurs socs renversés,
Lui comptaient les sillons par chaque heure tracés,
Ou qu'encor, palpitant des scènes de sa gloire,
De l'échafaud des rois il nous disait l'histoire,

Et, plein du grand combat qu'il avait combattu,
En racontant sa vie enseignait la vertu !
Voilà la place vide où ma mère à toute heure
Au plus léger soupir sortait de sa demeure,
Et, nous faisant porter ou la laine ou le pain,
Revêtait l'indigence ou nourrissait la faim ;
Voilà les toits de chaume où sa main attentive
Versait sur la blessure ou le miel ou l'olive,
Ouvrait près du chevet des vieillards expirants
Ce livre où l'espérance est permise aux mourants,
Recueillait leurs soupirs sur leur bouche oppressée,
Faisait tourner vers Dieu leur dernière pensée,
Et, tenant par la main les plus jeunes de nous,
A la veuve, à l'enfant, qui tombaient à genoux,
Disait en essuyant les pleurs de leurs paupières :
« Je vous donne un peu d'or, rendez-leur vos prières ! »

Il est à remarquer que toutes les belles intelligences, toutes les âmes élevées, tous les nobles cœurs, tous les hommes d'un génie pur, ont eu près de leur berceau une mère chrétienne, un de ces anges de la terre, au front calme et doux, qui apprennent à croire, à aimer et à bénir.

Écoutons Lamartine lui-même donner
quelques détails sur son enfance.

« Ma mère avait une Bible de Royau-
mont dans laquelle elle m'enseignait à lire.
Cette Bible avait des gravures de sujets sa-
crés à toutes les pages. C'était Sara, c'é-
taient Tobie et son ange, c'était Joseph ou
Samuel, c'étaient surtout ces belles scènes
patriarcales où la nature primitive de
l'Orient était mêlée à tous les actes de
cette vie simple et merveilleuse des premiers hommes.

« Quand j'avais bien récité ma leçon
et lu à peu près sans faute la demi-page de
l'histoire sainte, ma mère découvrait la
gravure, et, tenant le livre ouvert sur ses
genoux, me la faisait contempler en me
l'expliquant, pour ma récompense.

« Elle avait une âme aussi pieuse que tendre.

« Toutes ses pensées étaient sentiments, tous ses sentiments étaient images. Sa belle, noble et suave figure réfléchissait dans sa physionomie rayonnante tout ce qui brûlait dans son cœur, tout ce qui se peignait dans sa pensée. Le son argentin, affectueux et passionné de sa voix ajoutait à tout ce qu'elle disait un accent de force, de charme et d'amour, qui retentit encore en ce moment dans mon oreille, hélas ! après bien des années de silence !

« En rentrant de nos promenades à la campagne, ma mère nous faisait presque toujours passer devant les pauvres maisons des malades ou des indigents du village.

« Nous l'aidions dans ses visites quoti-
diennes. L'un de nous portait la charpie
et l'huile aromatique pour les blessés ;
l'autre, les bandes de linge pour les com-
presses.

« Nous étions sans cesse occupés, moi
surtout comme le plus grand, à porter au
loin, dans les maisons isolées de la monta-
gne, tantôt un peu de pain blanc pour les
femmes en couche, tantôt une bouteille
de vin vieux et des morceaux de sucre,
tantôt un peu de bouillon fortifiant pour
les vieillards épuisés.

« Elle faisait de nous les ministres de
ses aumônes, ne désirant qu'un trésor ici-
bas : les bénédictions des pauvres et la
volonté de Dieu. »

Il n'y a plus rien à raconter de l'enfance de Lamartine après ce candide et touchant récit, dont nous ne pourrions qu'atténuer l'effet.

Sous l'aile d'une mère aussi sainte, on voit poindre le génie du poëte chrétien.

Il quitta, dès l'âge de huit ans, le toit solennel et les vieux tilleuls de Milly, pour aller commencer ses classes au collége de Belley, dirigé par les jésuites. Il y fit des études brillantes. A chaque fin d'année on le voyait remporter toutes les couronnes, et les professeurs encourageaient ses premiers débuts poétiques.

La muse de Lamartine essayait ses forces.

Dans les pièces diverses qu'il composait

à cette époque[1], le talent se révèle déjà sous l'inexpérience.

On tint conseil à Milly pour savoir quel état on allait donner à l'aîné de la maison. Le père, vieux soldat, désirait qu'Alphonse embrassât la carrière des armes.

Mais ce n'était pas l'avis de la tendre mère.

César déployait en vain ses glorieux drapeaux et courait d'un bout de l'Europe à l'autre avec nos armées triomphantes; elle ne se laissa point éblouir et refusa de jeter son fils au milieu des hécatombes humaines offertes à la victoire.

Elle l'envoya passer quelque temps à Lyon, au retour du collége; puis elle ob-

[1] Voir ses *Adieux au collége de Belley.* — Tome I des *Méditations*, p. 349.

2

tint qu'on le laisserait aller en Italie, avec
des parents qui faisaient ce voyage.

Mais le jeune homme se fatigua bientôt
d'une société qui ne le laissait pas entière-
ment libre. Voulant se soustraire à la sur-
veillance dont il était l'objet, il écrivit à
Milly pour demander la permission de
voyager seul, et se dirigea du côté de
Rome sans attendre la réponse.

— Si la défense arrive, se dit-il, elle
arrivera trop tard. Je serai réprimandé,
mais je serai pardonné ; je reviendrai,
mais j'aurai vu.

Et voilà notre collégien émancipé, notre
touriste de dix-huit ans, sur les routes
italiennes, alors peuplées de bandits.

Il fit la rencontre d'un premier ténor

qui allait débuter au théâtre San-Carlo, à Naples.

Ce ténor était accompagné de son neveu, beau voyageur du même âge que Lamartine. Les jeunes gens se prirent l'un pour l'autre d'une amitié fort vive, causant, riant, dormant en voiture et se prêtant tour à tour leur épaule pour oreiller.

On arrive à Rome; ils descendent dans la même auberge.

Le lendemain, Lamartine est réveillé par la voix de son compagnon de route, qui frappe à sa porte et lui crie que le déjeuner est prêt.

Il s'habille, court ouvrir et jette un cri de stupeur.

« Au lieu du neveu du ténor, il aperçoit une charmante figure de jeune fille ro-

maine élégamment vêtue, et dont les cheveux noirs, tressés en bandeaux autour du
front, étaient rattachés derrière par deux
longues épingles d'or à têtes de perles,
comme les portent les paysannes de Ti-
voli. »

C'était son ami, qui avait repris, en ar-
rivant à Rome, le costume de son sexe.

— L'habit ne change pas le cœur, lui
dit en rougissant la belle Romaine; seulement, vous ne dormirez plus sur mon
épaule.

— Ah! poëte! poëte! pourquoi n'as-tu pas
attendu la réponse de ton père?

D'aventures en aventures, Lamartine
arriva jusqu'à Naples.

Au moment où sa bourse était à sec, il
trouva sous les avenues de citronniers do

la Chiaja son plus cher camarade de classe, Aymon de Virieu, qui voyageait avec un crédit illimité sur toutes les maisons de banque d'Italie.

—Décidément la Providence est contre les pères.

Nos deux élèves des jésuites, dans leurs promenades sur le golfe ou le long de la Mergellina, ne tardèrent pas à rencontrer de brunes Napolitaines, « dont le regard a cette teinte céleste que les yeux des femmes de l'Asie et de l'Italie empruntent au feu brûlant de leur jour de flamme et à l'azur serein de leur ciel, de leur mer et de leur nuit. »

Lamartine avait oublié depuis long-temps sa belle Romaine.

Il fut aimé à Naples d'une pauvre fille

de pêcheur que sa passion pour lui devait conduire au tombeau.

Pauvre Graziella ! morte si jeune et si belle !

Combien tu as laissé de regrets à ce fils du Nord, trop près de l'enfance pour bien comprendre ton cœur, et dont le berceau n'avait pas été chauffé comme le tien à ce soleil ardent qui fait mûrir l'amour !

Sur la plage sonore où la mer de Sorrente
Déroule ses flots bleus au pied de l'oranger,
Il est, près du sentier, sous la haie odorante,
Une pierre petite, étroite, indifférente
   Aux pieds distraits de l'étranger.

La giroflée y cache un seul nom sous ses gerbes,
Un nom que nul écho n'a jamais répété !
Quelquefois cependant le passant arrêté,
Lisant l'âge et la date en écartant les herbes,
Et sentant dans ses yeux quelques larmes courir,
Dit : « Elle avait seize ans ! c'est bien tôt pour mourir ! »

Quand on lit cette émouvante histoire

de *Graziella*, écrite tout entière avec des souvenirs et des larmes, on comprend la mélancolie du jeune homme à son retour.[1]

Comme l'Enfant prodigue, il fut reçu avec des festins et des caresses.

Toute la famille avait quitté Milly pour venir habiter Mâcon.

« Ma mère, dit le poëte dans ses *Confidences*, ne pùt s'empêcher de pâlir et de frissonner visiblement, en voyant combien ma longue absence et mes secrètes angoisses avaient amaigri et altéré mes traits. Mon père ne voyait que les belles formes développées de mon adolescence. Ma

[1] Il était resté près de trois ans dans son voyage. Aymon de Virieu, obligé de revenir pour se marier, lui avait laissé du crédit partout, en disant : « Nous compterons en France »

mère, d'un coup d'œil, avait vu les impressions.

« Elle vint, le lendemain, s'asseoir à mon chevet.

« — Te voilà donc revenu, mon pauvre enfant ! dit-elle. Que tu es pâle ! que tu parais triste ! Qui m'aurait dit qu'à vingt-deux ans je verrais mon enfant flétri dans la séve de son âme et de son cœur !

« Je bondis à ces mots, comme si ma mère, en me parlant ainsi, eût manqué de respect à un souvenir que je respectais en moi mille fois plus que je ne me respectais moi-même.

« — Oh ! de grâce ! lui dis-je en joignant les mains et avec un accent de supplication sévère, ne me parlez pas avec ce dédain d'une douleur dont vous n'avez jamais connu l'objet. Si vous saviez ?.....

« — Je ne veux rien savoir ! dit-elle en me mettant sa belle main sur les lèvres. Que vas-tu devenir maintenant ? Comment vas-tu supporter cette existence vide, monotone, oisive, d'autant plus exposée aux passions coupables du cœur, qu'elle est moins remplie des devoirs et des occupations d'une carrière active ? Notre fortune étroite a été considérablement rétrécie et grevée par ton éducation, par tes voyages, par tes fautes. Je n'en parle pas pour te les reprocher ; tu sais que si les larmes de mes yeux pouvaient se changer pour toi en or, je les verserais toutes dans tes mains ! »

Nous ne connaissons pas d'expression

plus touchante de dévouement et de tendresse maternelle.

En pareil cas les citations offrent au lecteur une peinture si vraie et si naïve, que nous serions coupable de les remplacer par des phrases à nous, qui n'auraient ni la même dignité ni la même candeur.

Poussé par sa vocation littéraire, Lamartine désirait habiter Paris, le centre de toutes les illustrations, le seul lieu où l'on puisse combattre et triompher.

Son père lui faisait pour son entretien et ses courses une modeste pension de douze cents francs, insuffisante pour vivre dans la capitale.

Mais l'excellente mère était là.

« Tirant du dernier de ses écrins un gros diamant monté en bague, le seul,

hélas ! qui lui restât des bijoux de sa jeunesse, elle le glissa secrètement dans la
main de son fils. »

— Va chercher la gloire ! lui dit-elle.

Et le jeune homme prit le chemin de
Paris.

Il emportait une foule de recomman-
dations pour la société la mieux choisie du
noble faubourg, mais en même temps la
plus rancunière et la plus énergiquement
résolue à ne rien accepter de l'empereur.

Lamartine, comme tous les jeunes gens,
se faisait volontiers une opinion d'arle-
quin avec des lambeaux décousus de l'o-
pinion des autres.

A Rome, assis avec un peintre démo-
crate sur la colline de la villa *Pamphili*,
d'où l'on aperçoit l'ancienne cité, ses dô-

mes et ses ruines, il avait rêvé la république et maudit César.

A Paris, causant avec Talma, qui lui
donnait des conseils pour le plan d'une
tragédie de *Saül*, il fut un instant bona-
partiste.

-Mais le faubourg Saint-Germain lui dé-
montra victorieusement que ses doctrines
étaient meilleures.

On conspirait, en dansant, dans les salons d'outre-Seine. Les femmes y avaient
d'aristocratiques et provoquantes allures :
Lamartine oublia la République, l'Empire,
sa tragédie de *Saül* [1] et devint légitimiste
exalté.

[1] Trois ou quatre scènes de ce premier essai drama-
tique ont été conservées et publiées dans les *Harmonies*.

Nous verrons la roue tourner bien souvent encore et la girouette politique obéir à d'autres souffles.

Afin de ne plus assister à ce qu'il appelait le règne brutal du calcul, de la force, du chiffre et du sabre, le jeune homme quitta de nouveau la France et fit un second voyage en Italie. Nous avons entendu soutenir qu'il y suivait à la piste et de ville en ville une jeune comtesse mignonne et rose, dont les coquetteries l'avaient enflammé.

Ce fait est complétement inexact.

Lamartine repassa les Alpes, entraîné par sa nature rêveuse, et renonçant aux folles distractions du monde qui lui avaient fait un instant oublier ses souvenirs.

Il voulait aller pleurer sur la tombe de

sa douce Graziella, il voulait demander pardon à sa mémoire.

Près des lieux où il l'avait connue, sous les orangers en fleurs qui abritaient leurs amours, dans les anses solitaires où le flot les berçait ensemble, il composa une partie du premier volume des *Méditations,* sublimes et mélancoliques élégies, dictées par ses regrets et sa douleur.

De colline en colline en vain portant ma vue,
Du sud à l'aquilon, de l'aurore au couchant,
Je parcours tous les points de l'immense étendue,
Et je dis : Nulle part le bonheur ne m'attend.

Que me font ces vallons, ces palais, ces chaumières,
Vains objets dont pour moi le charme est envolé?
Fleuves, rochers, forêts, solitudes si chères,
Un seul être vous manque, et tout est dépeuplé!

Que le tour du soleil ou commence ou s'achève,
D'un œil indifférent je le suis dans son cours;
En un ciel sombre ou pur qu'il se couche ou se lève,
Qu'importe le soleil? je n'attends rien des jours.

Jamais aucun poëte n'a porté plus loin que Lamartine la douceur du rhythme et la pureté des accords.

Souvent l'idée chez lui n'a pas des contours bien nets ; elle voltige dans le vague, elle se perd dans un lointain vaporeux où l'on s'efforce vainement de la suivre. Mais, si le fonds manque de solidité et de richesse, la forme est toujours éblouissante. Le lecteur s'enivre d'harmonie et se laisse bercer doucement par les cadences sonores.

Comme Victor Hugo, l'auteur des *Médi-tations* n'a pas cette force suprême, ce nerf résolu, cette tenaille ardente de l'hémistiche qui tient le vers sur l'enclume, le façonne et le trempe énergiquement.

Flûte mélodieuse, Lamartine charme et parfois endort.

Clairon aux notes de cuivre, Hugo réveille, électrise et sonne le boute-selle, pour enfourcher Pégase au bord de l'Hippocrène.

Lamartine est un fleuve majestueux, qui coule paisiblement entre ses rives bordées d'un éternel ombrage ; Hugo est la cataracte rugissante, le torrent écumeux qui entraîne tout à sa suite au large sein des mers.

L'un est un cygne, l'autre est un aigle.

Hugo a la puissance du génie ; Lamartine a le calme, la grâce et la beauté du talent.

Sur les bords du golfe de Naples, notre jeune poëte apprit l'envahissement de la

France par les troupes alliées et le réta-
blissement de la dynastie des Bourbons. Il
commanda des chevaux de poste, accou-
rut à Paris et sollicita du service, à la
plus grande joie de son vieux père, toujours fidèle à Bellone, et qui traitait ca-
valièrement les Muses de bégueules, pensant dégoûter son fils de leur culte.

Mais nous soupçonnons Lamartine de
n'être entré aux gardes du corps que pour
fléchir les rigueurs de la bourse pater-
nelle.

Aux Cent-Jours, il jeta l'épée, et ne voulut plus la reprendre quand Louis XVIII
regagna les Tuileries en traversant le
champ muet et désolé de Waterloo.

Lamartine avait alors un amour sérieux
et profond.

Ce n'était plus ce pâle adolescent qui restait froid devant les angoisses d'une âme passionnée. Il comprenait toutes les ivresses, tous les délires; mais il était écrit que le deuil impitoyable vengerait sur les joies présentes l'ignorance dédaigneuse et l'ingratitude involontaire du passé. La mort prit Elvire entre les bras du poëte et l'emporta dans la tombe où Graziella dormait depuis cinq ans.

Un de ses bras pendait de la funèbre couche;
L'autre, languissamment replié sur son cœur,
Semblait chercher encore et presser sur sa bouche
    L'image du Sauveur.

Et moi, debout, saisi d'une terreur secrète,
Je n'osais m'approcher de ce reste adoré,
Comme si du trépas la majesté muette
    L'eût déjà consacré.

Je n'osais!... Mais le prêtre entendit mon silence,
Et, de ses doigts glacés prenant le crucifix:

« Voilà le souvenir, et voilà l'espérance;
   Emportez-les, mon fils ! »

Le Lamartine chrétien date de cette époque.

Après une maladie grave, causée par la perte douloureuse qu'il avait faite, il brûla toutes ses poésies profanes et conserva seulement celles qui étaient empreintes du cachet de la foi.

Ses premières *Méditations* parurent en 1820[1].

Jamais le siècle n'avait été plus à la prose. Les plats versificateurs et les sots fabricants d'idylles de l'Empire avaient donné des nausées au public.

---

[1] Lamartine fut deux années entières sans trouver d'éditeur. Enfin un libraire, appelé Nicolle, se décida, par grâce, à publier le manuscrit du poète. Il fit fortune.

On croyait la poésie morte.

Quand on la vit reparaître avec sa brillante auréole, quand les sons d'une autre harpe éolienne se firent entendre, un cri d'admiration retentit d'un bout de la France à l'autre. On salua le poëte comme un nouveau rédempteur, qui, la croix en main, brisait l'idole du matérialisme et détrônait Voltaire.

Chose étrange, dont personne alors ne put se rendre compte, Lamartine profita de ce magnifique succès pour mettre le pied dans la carrière de la diplomatie.

De nos jours, il semble vraiment que les poëtes prennent à tâche de se déconsidérer aux yeux de leurs admirateurs par une persistance incompréhensible à descendre de leur trône de gloire et à se

perdre dans l'ornière politique. On a beau
leur crier gare! et les prévenir qu'il n'appartient pas au Dante de se faire disciple
de Malthus et de Machiavel, ils se montrent
sourds à toutes les représentations, mar-
chent droit au casse-cou, s'y heurtent en
vrais aveugles, font la culbute, et se re-
lèvent sans leur couronne de lauriers.

Mais n'anticipons pas sur les événe-
ments.

Il fut permis tout d'abord à Lamartine
de croire que la politique n'étoufferait pas
son génie.

En moins de deux ans, l'éditeur des
Méditations vendit ce livre à quarante-
cinq mille exemplaires. Chacun lisait avec
enthousiasme le *Lac*, la *Prière*, l'*Immor-
talité*, le *Chrétien mourant*, le *Soir*,

l'*Automne*, et vingt autres chefs-d'œuvre, parmi lesquels il ne faut pas oublier de mentionner cette magnifique *Ode à Byron*, de laquelle Châteaubriand disait :

« — Cela vaut mieux que tout mon *Génie du Christianisme*. »

Écoutons le prélude de ce combat sublime, où le poëte de la foi lutte corps à corps avec le poëte du doute et du désespoir :

La nuit est ton séjour, l'horreur est ton domaine :
L'aigle, roi des déserts, dédaigne ainsi la plaine ;
Il ne veut, comme toi, que des rocs escarpés
Que l'hiver a blanchis, que la foudre a frappés,
Des rivages couverts des débris du naufrage,
Ou des champs tout noircis des restes du carnage :
Et tandis que l'oiseau qui chante ses douleurs
Bâtit au bord des eaux son nid parmi les fleurs,
Lui des sommets d'Athos franchit l'horrible cime,
Suspend aux flancs des monts son aire sur l'abîme,
Et là, seul, entouré de membres palpitants,
De rochers d'un sang noir sans cesse dégouttants,

Trouvant sa volupté dans les cris de sa proie,
Bercé par la tempète, il s'endort dans sa joie.

Et toi, Byron, semblable à ce brigand des airs,
Les cris du désespoir sont tes plus doux concerts.
Le mal est ton spectacle, et l'homme est ta victime.
Ton œil, comme Satan, a mesuré l'abîme,
Et ton âme, y plongeant loin du jour et de Dieu,
A dit à l'espérance un éternel adieu!

Ce premier volume de poésie n'avait pas été signé, et pourtant toute l'Europe connut le nom de Lamartine.

Avec le succès le ciel lui accorda le bonheur.

Une autre Elvire, une blonde et gracieuse fille d'Albion, qu'il avait déjà rencontrée aux eaux d'Aix, lui apparut de nouveau sous le ciel de Florence.

Le poëte venait d'être envoyé en Toscane comme attaché d'ambassade.

Deux mois après, il épousait la charmante Anglaise. Éprise de la gloire de Lamartine, elle lui donna son cœur et une dot splendide.

En 1823 parut le second volume des *Méditations*[1]. Il eut tout le retentissement du premier. On trouva seulement que le royalisme du poëte aurait dû se montrer plus généreux et ne pas récriminer sur la tombe du martyr de Sainte-Hélène.

L'*Ode à Bonaparte* et le *Chant du Sacre* décidèrent le gouvernement à offrir la croix à M. de Lamartine.

A cette époque, un de ses oncles mou-

---

[1] Ce volume contient, comme pièces éminemment remarquables : *Sapho*, le *Poëte mourant*, l'*Esprit de Dieu*, *Bonaparte*, les *Étoiles*, une *Nuit à Rome*, le *Crucifix* et le *Dernier chant du pèlerinage d'Harold*.

rut et l'institua son légataire universel.
Il eut, dès lors, une fortune considérable,
dont il dépensa les revenus en prince, soit
à Londres, soit à Naples, où il fut envoyé
successivement comme secrétaire d'ambassade. Bientôt il obtint de monter un
échelon de plus, et retourna en Toscane
avec le titre de chargé d'affaires.

Ici nous nous arrêterons pour étudier
un peu notre personnage.

Le moment est venu de tracer sa si-
lhouette, au physique comme au moral.

M. de Lamartine est beau ; son front a
un cachet de noblesse inouïe. Dans son
regard on remarque tout à la fois de la dignité, de la douceur et de l'orgueil.

Gâté par les cajoleries du monde,
il pose continuellement comme posait

Louis XIV, mais sans être aussi roide
dans ses allures ; il sait joindre une grâce
exquise à son grand air. Pensant qu'on
l'admire sans cesse, il se rengorge avec
la plus parfaite conviction de son mérite
et une bonne foi merveilleuse.

Un soir qu'il avait daigné lire quelques
strophes dans un cercle, la maîtresse de
la maison dit à une de ses amies :

— Tu viens de voir et d'entendre l'illustre poëte. L'as-tu bien examiné ?

— Oui.

— Comment le trouves-tu ?

— Je trouve qu'il ressemble à un paon.

— Qu'oses-tu dire ?

— Ma chère, le paon est un oiseau qui

a de fort vilains pieds [1], qui chante mal
et qui fait la roue : M. de Lamartine
chante bien, voilà toute la différence.

Tout le monde ne juge pas avec autant
de sévérité notre poëte. Nous avons entendu quelqu'un lui dire un jour : « Vous
étiez né pour être roi. »

Effectivement, son imperturbable majesté, son amour de la représentation, son

[1] L'auteur des *Harmonies* a des pieds dans le genre
de ceux de M. Dupin, et il se chausse aussi mal que lui.
Ayant commandé son portrait à Couture, il le lui laissa
pour compte, après avoir vu ses souliers trop exacte-
ment rendus sur la toile. Mieux inspiré que le peintre,
Adam Salomon, sculpteur juif, auteur du médaillon de
Charlotte Corday, a fait une statuette de Lamartine avec
des pieds imperceptibles : aussi l'original daigne-t-il
quelquefois venir poser dans son atelier. Ces jours-là,
vingt personnes entrent, par le plus grand des hasards,
et Salomon leur présente son illustre ami Lamartine.

goût pour la flatterie, sa manière large et généreuse de jeter l'or par la fenêtre, son courage que rien n'étonne, et surtout le sourire triomphant avec lequel il accueille les dames, en eussent fait un monarque accompli.

Un de nos plus spirituels feuilletonistes a dit de Lamartine :

« C'est un sultan qui n'a point de mouchoir. »

Il paraît que le mot ne manque pas d'une certaine justesse. Avec de grandes prétentions à régner sur les cœurs, et tout en se vantant de recevoir des lettres de femmes des quatre parties du monde, le poëte n'abuse jamais de ses conquêtes ; il craint le tête-à-tête, sans doute au point

de vue de sa dignité, qu'il veut conserver
toujours [1].

Quand un sentiment d'admiration perce
dans la contenance de ceux qui lui sont
présentés, il conçoit pour eux une haute
estime, et le contraire a lieu quand on
s'avise de ne pas tomber des nues à son
aspect.

— Recommanderez-vous au ministre le
jeune homme qui vous a donné hier une
lettre de ma part? lui demandait un de
ses intimes.

— Non, vraiment, répondit l'auteur
des *Méditations*; c'est un garçon sans

[1] De méchantes langues vont plus loin : « C'est, di-
sent-elles, un autre Platon qui fait de l'esprit avec Aspasie, mais qui ne peuple pas la république. »

avenir : il n'a pas été ému en ma présence.

Très-friand de popularité, Lamartine
ouvre ses salons au premier venu. Quand
il sort en équipage, il offre ses chevaux et
sa voiture à des gens qu'il connaît à peine,
et continue sa route à pied, le tout pour
se faire des admirateurs et des amis.

Dans le cours de son existence littéraire, il a reçu plus de quatre-vingt mille
lettres de félicitations, auxquelles il se
gardait bien de ne pas répondre. Tous les
élèves de seconde et de rhétorique lui ont
envoyé des vers. Chacun d'eux peut montrer un autographe analogue à celui-ci:

« Monsieur,

« Vous êtes plus poëte que moi. Travaillez avec courage; cultivez votre beau talent, et comptez sur la gloire.

« LAMARTINE. »

Avide de louanges, il les accepte comme on les lui donne et les rend avec usure [1]. On peut lui brûler intrépidement sous le nez tous les parfums de l'Arabie, sans qu'il se plaigne d'avoir mal au cerveau.

Mais, en laissant de côté ces petits ridicules, fort pardonnables après tout, on remarque chez notre poëte les qualités les plus précieuses; il est doué des plus riches dons du cœur. Jamais un malheureux n'a frappé à sa porte sans être secouru,

[1] Il a poussé l'abus de cette réciprocité de l'éloge jusqu'à comparer à *Horace* M. Adolphe Dumas, qui lui avait adressé une épître en vers.

Tous ses honoraires, comme membre du
gouvernement provisoire, ont été distri-
bués aux écrivains pauvres, sans demande
de leur part, et avec des lettres charmantes qui doublaient le prix du bienfait.

Lamartine est une de ces belles natures
chevaleresques des anciens jours, deve-
nues si rares à notre époque.

Souvent, dans ses excursions lointaines,
il a vu la mort en face sans pâlir, et plus
d'une fois il a joué sa vie avec tout le
calme du vrai courage.

Un matin, à Florence, la porte de son
cabinet de travail s'ouvre avec fracas.

— Qui ose entrer ainsi chez moi ? dit
le poëte, quittant son siége et regardant
avec surprise un militaire de haut grade,

qui s'approche l'œil menaçant et un livre
à la main.

— Vous êtes M. de Lamartine? demande ce visiteur inattendu.

— Oui, monsieur.

— Vous avez écrit le *Dernier chant du*
pèlerinage d'Harold?

— J'en conviens, répondit le poëte. Dai-
gnez, je vous prie, m'expliquer le motif....

— Qui m'amène chez vous? Il me semble que ce livre vous l'indique suffisam-
ment. Je suis le colonel Pepé, frère du
général de ce nom. L'Italie est ma terre
natale; or vous avez insulté l'Italie.

— Mais, monsieur....

— Peut-être ne vous souvenez-vous plus
du passage? il faut aider votre mémoire.

4

Ouvrant alors son volume, le colonel lut à haute voix :

« Terre où les fils n'ont plus le sang de leurs aïeux,
Où sous un sol vieilli les hommes naissent vieux... »

— Apprenez que je suis jeune et que j'ai du sang chaud dans les veines ! dit avec fougue le lecteur en s'interrompant. Mais permettez, j'achève :

« Où sur les fronts voilés plane un nuage sombre,
Où le fer avili ne frappe que dans l'ombre... »

Corbleu ! mon épée vous prouvera le contraire, et nous allons nous battre à l'instant même, au grand jour, si vous n'effacez pas de votre œuvre ces vers ignominieux.

— Pardon ! dit Lamartine avec calme :

je cède quelquefois à une prière, à une menace, jamais..

— Fort bien ! Voilà de la poésie qui vous mènera loin. Mais écoutez, ce n'est pas tout :

« Adieu ! pleure ta chute en vantant tes héros !
Sur des bords où la gloire a ranimé leurs os,
Je vais chercher ailleurs (pardonne, ombre romaine !)
Des hommes, et non pas de la poussière humaine... »

Sangue di Cristo ! vous allez m'enlever cette poussière-là, monsieur !

— Non, dit le poëte. Vous essayez d'employer avec moi l'intimidation, vous tombez mal. Je ne ferai point de ratures à mon œuvre. Du reste, je suis à vos ordres.

— Partons ! cria le colonel.

— Volontiers, dit Lamartine.

Ils se battirent au fond du jardin même
de l'ambassade, et l'auteur du *Pèlerinage
d'Harold* reçut une grave blessure.

Six semaines durant, il fut entre la vie
et la mort.

Tout Florence blâma le brutal patriote
qui avait failli tuer le plus aimable des
poëtes pour une antithèse. On alla s'in-
scrire chez Lamartine, on prenait d'heure
en heure le bulletin de sa santé, le jour
de sa guérison fut un jour d'allégresse.
– Les dames italiennes aiment les fêtes et
le plaisir : elles eussent regretté vivement
les soirées quasi-royales du chargé d'affaires de France.

Au milieu de ses travaux diplomatiques,
Lamartine continuait de se livrer à la poésie. Son talent grandissait, bercé par d'u-

niversels éloges. De retour à Paris, il publia, au mois de mai 1829, les *Harmonies poétiques et religieuses*, livre sublime qui le fit entrer à l'Académie en triomphateur [1].

Nous ne citerons pas la quantité de chefs-d'œuvre que les *Harmonies* contiennent. Les vers du poëte spiritualiste sont dans toutes les mémoires ; ils renferment des consolations et de pieux accents pour tous les âges.

O Père qu'adore mon père !
Toi qu'on ne nomme qu'à genoux ;
Toi dont le nom terrible et doux
Fait courber le front de ma mère ;

On dit que ce brillant soleil
N'est qu'un jouet de ta puissance ;
Que sous tes pieds il se balance
Comme une lampe de vermeil.

1830.

On dit que c'est toi qui fais naître
Les petits oiseaux dans les champs,
Et qui donne aux petits enfants
Une âme aussi pour te connaître.

. . . .

Mon Dieu, donne l'onde aux fontaines,
Donne la plume aux passereaux,
Et la laine aux petits agneaux,
Et l'ombre et la rosée aux plaines.

Donne au malade la santé,
Au mendiant le pain qu'il pleure,
A l'orphelin une demeure,
Au prisonnier la liberté.

Donne une famille nombreuse
Au père qui craint le Seigneur;
Donne à moi sagesse et bonheur,
Pour que ma mère soit heureuse!

On parlait d'envoyer, à cette époque,
un ministre plénipotentiaire en Grèce. Le
gouvernement se décidait à confier à La-

martine ces hautes fonctions, lorsque tout
à coup la Révolution de juillet éclata.

Notre poëte fut terrassé.

La vieille couronne de Charlemagne et
de saint Louis tombait encore une fois
dans les ruisseaux fangeux de l'émeute ; le
peuple la ramassait pour l'offrir à Louis-
Philippe, qui la prit telle quelle, et ne
l'essuya pas.

Au lieu de partir pour la Grèce, Lamartine alla bouder sous les ombrages de
Saint-Point, noble manoir féodal qu'il devait à l'héritage de son oncle.

Mais bientôt il se fatigua de sa retraite.
La gloire des lettres était loin de lui suf-
fire. N'être pour son pays qu'un grand
poëte, c'est triste !

Les succès de M. Guizot empêchaient Lamartine de dormir.

Écoutons ce qu'il écrivait alors :

« Le passé n'est plus qu'un rêve ; il ne faut pas le pleurer inutilement, il ne faut pas prendre sa part d'une faute que l'on n'a point commise ; il faut rentrer dans les rangs des citoyens, penser, parler, agir, combattre avec la famille des familles, avec le pays ! »

Impossible de faire une avance plus directe au nouveau pouvoir.

Mais les électeurs de Toulon et de Dunkerque s'obstinèrent à ne point comprendre tout l'à-propos de ce revirement. Ils eurent l'indélicatesse de refuser leurs votes à M. de Lamartine, bien qu'il les eût demandés avec beaucoup de grâce.

La *Némésis*, rédigée par Méry et Barthélemy, fouetta rudement le poète.

Celui-ci, pour répondre, se plaça, comme un aigle outragé, au plus haut sommet d'un nuage, oubliant qu'il se trouvait à terre, près d'une urne électorale, quand il avait reçu des coups de verge.

Humilié de ne pas entrer à la Chambre, M. de Lamartine résolut de priver son ingrate patrie de sa présence.

Il s'embarqua bientôt à Marseille avec sa femme et sa fille Julia, monté sur un navire qui lui appartenait et dont l'équipage était à ses ordres.

Si la politique perdit à ce départ, les lettres y gagnèrent un beau livre [1]..

Lamartine, comme on dit vulgairement, faisait contre fortune bon cœur, et sacrifiait provisoirement à sa muse toutes ses prétentions parlementaires.

« Je brûlais, dit-il, du désir d'aller visiter ces montagnes où Dieu descendait; ces déserts où les anges venaient montrer à Agar la source cachée pour ranimer son pauvre enfant banni et mourant de soif; ces fleuves qui sortaient du paradis terrestre; ce ciel où l'on voyait descendre et monter les anges sur l'échelle de Jacob. Je rêvais un voyage en Orient comme un grand acte de ma vie intérieure; je con-

[1] Le *Voyage en Orient.*

struisais éternellement dans ma pensée
une vaste épopée dont ces beaux lieux se-
raient la scène principale. Il me semblait
que les doutes de l'esprit, que les per-
plexités religieuses, devaient trouver là
leur solution et leur apaisement. »

A la bonne heure !

Nous retrouvons notre poëte tel que
nous aimons à le voir, tel qu'il aurait dû
rester toujours, s'il eût été conséquent avec
lui-même.

Aimer, prier, chanter, voilà toute ma vie!

Hélas! le démon jaloux de la tribune
devait couper les ailes au cygne harmonieux!

Lamartine, au point où nous en sommes, est à l'apogée de sa gloire.

..Maintenant il va redescendre et s'égarer dans un labyrinthe. Le *Voyage en Orient* et *Jocelyn* sont les derniers jalons de sa route poétique. Nous le verrons perdre de vue son étoile. Sa première chute sera la *Chute d'un ange*, et les *Recueillements* [1] ne doivent plus être qu'un faible écho des *Méditations* et des *Harmonies*.

Ne croyez pas qu'en Orient il s'occupa

---

[1] « Une révolution, dit Sainte-Beuve, s'opère ici chez M. de Lamartine: Il veut prendre dans son rhythme le trot de Victor Hugo, ce qui ne lui va pas. M. Hugo rachète ses duretés de détail par des beautés qui, jusqu'à un certain point, les supportent et s'en accommodent. Le vers de M. de Lamartine était comme un beau flot du golfe de Bara : il le brise, il le saccade, il le fait trotter aujourd'hui comme le cheval bardé d'un baron du moyen âge. » Dans les *Recueillements*, le même critique signale une pièce de vers dont le titre de mauvais goût : *A une jeune Fille qui me demandait de mes cheveux*, rappelle assez disgracieusement pour le poète un vaudeville burlesque du théâtre du Palais-Royal.

de ce vaste poëme dont il nous a solennellement parlé tout à l'heure.

D'Athènes et de Jérusalem il entretenait avec les électeurs de Dunkerque une correspondance active. Il rêvait le palais Bourbon sur la rive du Jourdain, et le portefeuille des affaires étrangères sous les murs de Jéricho.

Son plus grand désespoir était de penser que la France avait des illustrations politiques, et que lui Lamartine n'était pas au nombre de ces illustrations.

Dans ce *Voyage d'Orient*, raconté par lui-même, nous signalons un curieux épisode.

C'est la visite du poëte à lady Esther Stanhope, nièce de William Pitt, sorte de folle illuminée, riche à millions, qui, après

avoir passé la plus grande partie de sa
jeunesse à courir d'un bout du continent à
l'autre, avait fini par aller vagabonder en
Syrie, où l'on affirme que les tribus ara-
bes, émerveillées de sa magnificence, la
proclamèrent, un beau jour, reine de Palmyre.

Notre voyageur la trouva dans une espèce
de château fort, aux gigantesques rem-
parts, qu'elle avait fait construire au milieu des solitudes du Liban.

Lady Stanhope ne croyait pas au Christ,
mais elle croyait à l'astrologie.

— Vous êtes né, dit-elle à Lamartine, sous l'influence de trois étoiles heu-
reuses, puissantes et bonnes, qui vous ont
doué de qualités analogues. C'est Dieu qui
vous amène ici pour éclairer votre âme.

Vous êtes un de ces hommes de désir et de volonté.dont il a besoin comme d'instruments pour les œuvres merveilleuses qu'il doit accomplir. Bientôt vous retournerez en Europe. L'Europe est finie ; la France seule a une grande mission, vous y participerez.

Avec les idées qui germaient déjà dans le cerveau du poëte, il en fallait beaucoup moins pour l'emporter sur les hauteurs les plus étourdissantes de l'ambition.

Il quitta l'Anglaise astrologue, parfaitement convaincu qu'il était un homme providentiel et que les destins de la France devenaient inséparables de ses propres destins.

Hélas ! la reine de Palmyre, la sorcière des Druzes, n'avait pas lu dans les étoiles

que Julia, cette fille bien-aimée du poëte,
son unique enfant, sa fierté, sa joie, son
amour, était attaquée d'une maladie mor-
telle, au moment même où il s'enivrait de
si magnifiques prédictions!

Il l'avait laissée à Beyrouth, sous la
garde de sa mère, et il la retrouva agoni-
sante en revenant de Syrie.

. . . .

Des sanglots étouffés sortaient de ma demeure;
L'amour seul suspendait pour moi sa dernière heure :
　　Elle m'attendait pour mourir!

C'était le seul débris de ma longue tempête,
Seul fruit de tant de fleurs, seul vestige d'amour,
Une larme au départ, un baiser au retour,
Pour mes foyers errants une éternelle fête;
C'était sur ma fenêtre un rayon de soleil,
Un oiseau gazouillant qui buvait sur ma bouche,
Un souffle harmonieux la nuit près de ma couche,
　　Une caresse à mon réveil.

C'était plus : de ma mère, hélas! c'était l'image;
Son regard par ses yeux semblait me revenir;

Par elle, mon passé renaissait avenir,
Mon bonheur n'avait fait que changer de visage;
Sa voix était l'écho de six ans de bonheur,
Son pas dans la maison remplissait l'air de charmes,
Son regard dans mes yeux faisait monter les larmes,
Son sourire éclairait mon cœur.

Marseille, qui avait vu partir Julia pleine de santé, de force et de jeunesse, la vit revenir couchée dans un cercueil.

Pendant l'absence de Lamartine, le collége électoral de Dunkerque, travaillé par de chaleureux amis, s'était enfin décidé à confier au poëte un mandat législatif.

Ici devrait se terminer notre tâche.

Rien n'est plus affligeant et plus pénible, pour les hommes restés fidèles à la religion de l'art, que la nécessité où ils se trouvent parfois, grâce aux folies et aux variations humaines, de descendre une

idole de son piédestal et de lui refuser
l'encens qu'ils avaient brûlé devant son
autel.

On eut beau dire à M. de Lamartine :
«.Restez poëte ! » il haussa les épaules et
répondit :

« — Vous n'y songez pas. La poésie n'a
été pour moi que ce qu'est la prière, le
plus court des actes de la pensée, et celui
qui dérobe le moins de temps au travail.
Je n'ai fait des vers que comme vous chan-
tez en marchant, quand vous êtes seul dans
les routes solitaires des bois. Cela marque
le pas et donne la cadence aux mouve-
ments du cœur et de la vie. Voilà tout. »

O poëte ! poëte ! est-ce bien toi qui tiens
ce langage ?

Ainsi donc, cet enthousiasme que tu as jeté dans nos cœurs, ces inspirations sublimes avec lesquelles tu échauffais nos âmes, ces chants merveilleux que nous écoutions comme un écho du ciel, tout cela tu le dédaignes, tu le foules aux pieds, tu ris de notre admiration naïve ! La poésie pour toi n'était pas un sacerdoce, un culte ; c'était un passe-temps, une distraction, une manière d'occuper tes loisirs ; elle te marquait le pas, elle te donnait la cadence pour mieux avancer sur la route politique ?

Profanation !

Le jour où tu as traité la Muse avec cette légèreté coupable, elle s'est envolée pour ne plus revenir.

Tu as souffleté sur les deux joues cette

noble fille du Pinde, tu l'as chassée hon-
teusement, et tu as mis à sa place une
Gorgone échevelée, qui t'a pris, pauvre
cygne, entre ses mains sèches, et a pour
jamais tordu le cou à ton génie.

Sans doute (nous le disons bien haut),
tu restes un prosateur de mérite, un honnête homme, un citoyen recommandable,
un patriote consciencieux, même dans tes
plus grands écarts ; mais tu n'es plus un
poëte.

Le Lamartine que nous applaudissions
dans notre jeunesse, le chantre d'Elvire,
le noble talent dont nous avons salué les
triomphes n'existe plus.

C'est d'un autre Lamartine que nous
allons achever l'histoire.

A la place du poëte sublime, on trou-
vera l'orateur nuageux, le déclamateur
sonore et vide, l'homme de parti sans ho-
rizon, sans boussole, entraîné par toutes
les vagues, se heurtant à tous les écueils.
A la place du chrétien, nous verrons le
philosophe inquiet, irrésolu, frappant à la
porte de tous les systèmes, partageant tous
les doutes, entrant aujourd'hui dans les
idées de l'un, demain dans celles de l'autre, tâtonnant, pataugeant, ne voyant plus
clair, et n'ayant pas le courage de remon-
ter cette échelle radieuse d'où il est volon-
tairement descendu.

A quelle cause devons-nous attribuer la
décadence d'un esprit si noble et si élevé?

Comme tous les anges de lumière, Lamartine s'est perdu par l'orgueil.

Voyant resplendir à côté de lui ces mé-
téores qui traversent les révolutions, il
s'est mis à ambitionner leur éclat trom-
peur ; il a voulu se précipiter à leur suite,
et n'a pas compris qu'il allait droit aux
ténèbres.

Comme l'enfant auquel on montre un
feu follet dansant au-dessus des roseaux,
il s'est hâté de courir après la flamme fu-
gitive et s'est embourbé dans le marécage.

Le député de Dunkerque n'eut d'abord
aucun succès à la Chambre.

Quand on a contracté l'habitude de voyager dans les nues et de fréquenter les anges, on est fort mal à l'aise ici-bas avec les
hommes. Ils vous appellent rêveur, ils se
moquent de vos paroles creuses, ils vous

traitent de cymbale retentissante, de sé-
raphin parlementaire, et vous renvoient au
troisième ciel.

M. de Lamartine jura qu'il n'y retour-
nerait plus.

Les cieux, pensait-il, sont probable-
ment fort bien organisés ; mon devoir est
d'organiser la terre. Je veux y ramener
les joies de l'Éden.

Et le voilà remuant tous les systèmes,
caressant toutes les théories, fouillant dans
toutes les doctrines.

Il se compose un bagage bizarre, une
opinon bariolée. Tour à tour il devient hu-
manitaire avec l'auteur des *Paroles d'un
Croyant*, et industrialiste avec Saint-Si-
mon ; il se rapproche même de l'école so-

ciétaire, étudie les *groupes*, les *attrac-
tions*, les *phalanges*, tout cela de la
meilleure foi du monde, avec une con-
fiance et une vanité d'enfant, persuadé
que lady Stanhope a lu son avenir au
grand livre des astres et que Dieu le des-
tine à opérer dans les sociétés modernes
une réforme éclatante.

Sa renommée, sa haute position de fortune, le rendent propre à devenir chef de
parti.

Bientôt le radicalisme le range sous sa
bannière. On lui prodigue la flatterie, on
excite toutes les fibres de son amour-
propre.

Ses nouveaux amis sont pauvres, il faut
les abriter de son opulent manteau ; mais

à force d'en donner une part à chacun, il, n'en reste plus pour lui.

Notre Saint-Martin politique se trouve dépouillé.

Lors de ses ambassades, M. de Lamartine dépensait déjà beaucoup plus que ses revenus ; le voyage en Orient lui avait coûté près d'un demi-million. Ne retranchant rien à sa magnificence, il voyait sa fortune décroître rapidement, et la vente de ses livres était loin de combler le déficit.

Sous sa noble main, creuset où se fondait l'or, des mains étrangères s'ouvraient sans cesse.

Lamartine donnait, donnait toujours.

Quand sa bourse était vide, il empruntait.

« Je meurs de faim, » lui écrivit laconiquement un personnage très-connu.

Lamartine répondit aussitôt :

« J'ai cinq cents francs, les voici : pardonnez-moi de faire si peu. Tout à vous de cœur. »

— Ah ! si j'étais riche, mais véritablement riche, seulement pour un jour ! s'écriait Lassailly, ce bohème du bon Dieu, qui vivait au hasard et sans toit, comme les oiseaux des champs.

— Riche? lui demanda Lamartine, combien vous faut-il pour l'être?

— Cinq louis.

Il lui en donna cinquante.

Aussitôt notre bohème d'acheter souliers vernis, chapeau lustré, gants beurre
frais, manchettes fines, et point de che-
mise. Il déjeune au café de Paris, dîne
chez Véfour, fume les plus délicieux ci-
gares et se permet, pendant toute une se-
maine, une existence parfumée de joie et
d'amour.

Arsène Houssaye, qui était au courant
de l'anecdote, le vit passer dans une ca-
lèche à deux chevaux, et s'écria :

— Voilà les mille francs de Lamartine
qui sont bien heureux !

Ces générosités folles et imprévoyantes
réduisirent plus d'une fois notre poëte aux
expédients. Son coffre une fois à sec, il était

obligé de puiser dans celui des libraires, et ceux-ci l'ont cru souvent un homme avide.

Mon Dieu, non ! c'était un écrivain ruiné [1].

Quant à cette fameuse histoire de lettres, commencée en Angleterre et terminée aux Tuileries, nous ignorons jusqu'à quel point les détails en sont authentiques.

— Si l'on ne fait pas droit à ma requête, aurait dit M. de Lamartine, je publie les *Girondins*.

[1] Son éditeur dit à qui veut l'entendre : « Quand je publie un livre de Lamartine, le public seul y gagne ; moi, j'y perds toujours. Il sait si bien me parler de ses chevaux, de ses serviteurs et de ses pauvres, qu'il me tire le double de ce que je voulais lui donner. »

Or la royauté de Juillet n'était pas pré-
teuse.

Elle avait, chacun le sait, une grande
famille. Cette année-là précisément les
récoltes avaient manqué par toute la
France, le blé était cher. Avant de songer aux autres il faut songer à ses proches.

Louis-Philippe fit la sourde oreille, et
les *Girondins* parurent.

Au point de vue littéraire, ce livre a un
grand mérite peut-être ; mais, au point
de vue de l'humanité, c'est une mauvaise
action.

Si quelqu'un devait essayer de réhabi-
liter les hommes de la Terreur, ce quelqu'un-là ne devait pas être M. de Lamartine.

Jamais son encre, pas plus que celle de M. Thiers, n'effacera les taches de sang.

Pour avoir été trop économe, Louis-Philippe ne tarda à voir la République passer sournoisement la tête sous son trône. Il jeta des cris d'épouvante et appela M. Guizot ; mais il était trop tard.

Ni le ministre ni le roi n'avaient éventé cette mine souterraine.

La culbute eut lieu.

M. de Lamartine se trouva tout naturellement porté sur le pavois.

A force de prononcer des discours à la Chambre, il avait fini par acquérir beaucoup des qualités de l'orateur. Sa belle tête fièrement relevée, son geste digne et sobre, donnaient à son débit quelque chose de

solennel et d'irrésistible. On finissait par
oublier son défaut de logique, ses argu-
mentations incohérentes, et l'on se laissait
entraîner au charme de cette phrase
mélodieuse, qui murmurait en prose des
réminiscences de poëte.

Quand les collègues de Lamartine le
voyaient se diriger vers la tribune, ils se
disaient tout bas :

— Bon ! nous allons avoir de la musique !

Toute l'histoire du rôle que joua notre
héros en 1848 est contenue dans ce mot.

Il avait travaillé quinze ans pour changer
sa lyre contre un bâton de législateur, et,
au bout du compte, c'était toujours la lyre
qui lui restait entre les mains.

Dieu le permit ainsi, peut-être, pour sauver la France.

Quand les hordes populaires envahissaient les salons de l'Hôtel de Ville, furieuses, échevelées, rugissantes, Lamartine se montrait avec son œil majestueux, son front paisible.

Il ouvrait la bouche, tout se calmait.

— Nous allons avoir de la musique ! disait le peuple.

Absolument comme les députés à la Chambre.

Le jour du drapeau rouge, néanmoins, ce ne fut pas la lyre qui résonna seule ; il fallut que Lamartine fît appel aux plus énergiques élans de son courage.

En face du lion révolutionnaire qui préparait ses griffes et voulait boire du sang, l'orateur ne donna pas un signe de crainte ou de faiblesse. Il étendit sa main puissante, mata le monstre et le força de ramper à ses genoux [1].

Voyant qu'il s'était, jusqu'à ce jour, ligué avec des incendiaires, M. de Lamartine se faisait pompier.

Un moment il put se croire l'arbitre des destinées de l'Europe ; la sorcière des Druzes faillit avoir raison.

Mais, pour organiser, il faut quelque chose de plus que de l'éloquence et du courage.

Lamartine garda son rôle d'Orphée poli-

---

[1] On connaît la phrase historique : « Citoyens, le drapeau rouge, que vous nous apportez, n'a jamais fait que le tour du Champ de Mars, traîné dans le sang du peuple, et le drapeau tricolore a fait le tour du monde avec le nom, la gloire et la liberté de la patrie ! »

tique, et n'en put remplir un autre. Ses
collègues le chargeaient de recevoir toutes
les députations, de prononcer tous les
discours.

Un matin, on annonce que les délégués
du *Grand Orient* [1] approchent de l'Hôtel
de Ville, au nombre de plus de deux cents
hommes.

Pour recevoir cette multitude, il y
avait là quatre membres du gouvernement
provisoire, Lamartine, Ledru-Rollin, Ar-
mand Marrast et Crémieux.

— Ah! ma foi, dit l'auteur de *Jocelyn*,
ceci ne me regarde plus. Je ne saurais, en
vérité, quoi leur dire. De ma vie je n'ai
été franc-maçon.

[1] Loge centrale des francs-maçons.

— Ni moi ! fit Ledru-Rollin.

— Ni moi ! se hâta d'ajouter Marrast.

— J'avoue, dit Crémieux, que je fais partie de l'ordre ; mais j'ai la gorge prise par un rhume abominable. Impossible de prononcer un mot. Je me sauve !

— Et moi aussi ! dirent ensemble les deux autres.

Ils laissèrent Lamartine, qui ne pouvait plus s'esquiver : la députation entrait.

Notre malheureux provisoire ne savait comment sortir d'embarras ; il contemplait tous ces hommes d'un œil effaré, cherchant une phrase dans sa cervelle, et ne trouvant rien.

Tout à coup ses yeux rencontrent la bannière de la députation.

Il respire, son discours est là.

— Soyez les bienvenus, citoyens! s'écrie-t-il. J'aperçois votre noble drapeau, et je vous reconnais pour frères. La devise qu'il porte est la devise de la France, c'est la mienne, c'est la nôtre à tous : *Liberté, égalité, fraternité !* Je suis franc-maçon ! j'ai toujours été franc-maçon ! je serai franc-maçon jusqu'à la mort !...

Pendant trois quarts d'heure il broda des périodes sur ce thème au milieu d'applaudissements frénétiques.

Et voilà ce qu'on appelle l'éloquence.

Un autre jour, ses collègues le prirent

dans un guet-apens semblable, mais dont
il sortit avec moins de bonheur. Il s'agis-
sait de remercier les piqueuses de bottines
et les cardeuses de matelas, qui venaient
apporter leur offrande à la patrie.

Lamartine regarda cette troupe enju-
ponnée : pas un visage présentable.

C'était la députation de la laideur.

Il ne pouvait parler ni de charmes, ni
de beaux yeux, ni de blanches mains. De
quoi parla-t-il ? Jamais il n'a pu se le rap-
peler lui-même. Sa harangue faite, il
suait à grosses gouttes.

O l'ambition ! ô l'amour du pouvoir ! ô
la tarentule politique !

Ils en ont tous été mordus.

Rentré dans ses magnifiques salons de la rue de l'Université, Lamartine se consolait des ennuis de l'Hôtel de Ville en recevant les hommages de ses flatteurs.

Ce fut là qu'une des plus jolies femmes de Paris voulut, un soir, baiser son illustre main, et s'écria :

— Franklin disait à Voltaire *Dieu et Liberté ;* moi, je dis *Dieu et Lamartine!* »

Et le cercle d'applaudir.

Un autre soir, un courtisan moins adroit insinua au maître de la maison que, selon toute évidence, il allait être nommé président de la république.

— Vous êtes dans l'erreur, répondit froidement Lamartine. Le titre dont vous parlez appartient à Victor Hugo. Moi, je serai président de la république universelle.

Quarante personnes ont entendu cette réponse.

Niez donc à présent les morsures de la tarentule.

Hélas! le rêve a été court, et le réveil bien triste! Les oiseaux de la prospérité s'envolent quand le malheur se montre[1].

---

[1] Le chef du gouvernement provisoire n'a pas revu, depuis sa chute, un seul de ses flatteurs. Personne ne l'a consolé, personne ne lui a tendu la main. Pendant un mois, on put remarquer, chez un brocanteur de la rue de la Madeleine, un portrait de Lamartine, peint par Lawrence. Ce fut un homme de lettres qui l'acheta, fatigué de voir l'ingratitude bourgeoise le laisser exposé à la honte du bric-à-brac.

Aujourd'hui Lamartine n'a plus son hôtel, sa cour est dispersée.

Près de lui la ruine est venue s'asseoir.

Toujours courageux, il la chasse par le
travail ; mais elle revient sans cesse avec le
noir cortége des huissiers et lui montre un
gouffre, où il jette volume sur volume,
sac d'or sur sac d'or, sans pouvoir le combler. Les innombrables livraisons du *Con-
seiller du Peuple*, l'*Histoire de la Res-
tauration*, *Raphaël*, *Geneviève*, *Tous-
saint - Louverture*, les *Constituants*[1],

---

[1] M. de Lamartine écrit l'histoire aussi vite que s'il
l'inventait. Il sait presque tout sans avoir jamais rien
appris, et ce qu'il ne sait pas, il le devine. « C'est un
ignorant, dit Sainte-Beuve, qui ne sait que son âme. »
Sa facilité de travail est prodigieuse. Un directeur de

vingt ouvrages sont engloutis, et l'écrivain travaille toujours.

Il travaille, à soixante-quatre ans, quand il devrait se reposer dans sa gloire.

Il travaille pour empêcher des créanciers avides de lui arracher, pièce de terre par pièce de terre, muraille par muraille, ombrage par ombrage, ce vieux manoir de Saint-Point, où dorment ses aïeux, et qu'il conserve religieusement, à tout prix, malgré le timbre et les hypothèques.

Tous les ans il y passe l'automne avec madame de Lamartine, l'ange de son foyer, la consolation de son déclin[1].

journal vint lui demander un extrait des *Girondins*. L'auteur n'avait rien de prêt : il écrivit trois colonnes en une demi-heure, tout en causant avec le personnage qui lui rendait visite.

[1] «Au château de Saint-Point, dit M. Arsène Hous-

Elle a toujours été aussi bonne, aussi généreuse, aussi grande que lui.

Dargaud, leur ami fidèle, impatienté de la voir éternellement complice de la dépense, entra, un matin, tout en colère, dans le modeste pavillon qu'ils occupent aujourd'hui rue de la Ville-l'Évêque[1], et s'écria :

—Qu'on me donne toutes les clefs ! Je m'installe ici ; je serai le factotum l'in-

saye dans un de ses derniers livres, Lamartine se lève comme les oiseaux, travaille comme les laboureurs et se couche avec le soleil. Il mène la vie d'un patriarche, qui, au lieu de tracer ses sillons sur la terre, les trace sur le papier. »

[1] En sortant du logis actuel de Lamartine, et en se rappelant son habitation première, on éprouve un serrement de cœur, et l'on se demande s'il doit finir comme les autres poëtes commencent, par le grenier.

tendant. C'est moi qui tiendrai la bourse
à l'avenir.

Pauvre Dargaud ! quelle tâche il s'im-
posait !

Une dame de charité de la Madeleine
vint, le lendemain, quêter pour les pauvres.

Le factotum, la clef du secrétaire en
poche, avait cru pouvoir s'absenter sans
crainte.

Madame de Lamartine ordonna au valet
de chambre de forcer la serrure. Elle
prit huit cents francs qui restaient en bil-
lets de banque, les plia délicatement de
sa blanche main et les glissa dans la tire-
lire de la quêteuse.

Son mari la regarda faire en souriant et
en caressant ses charmantes levrettes.

Quand Dargaud rentra, il n'y avait plus de quoi dîner.

On ne se corrige pas de la bienfaisance.

Mais Dieu veille sur les âmes d'élite, et le bruit a couru, ces derniers jours, qu'un message, envoi d'une main mystérieuse, avait été remis inopinément à M. de Lamartine. Brisant l'enveloppe, il aurait trouvé, dit-on, sous cet heureux pli, vingt cinq mille livres de rente, payables au porteur.

Si le fait est véritable, bénie soit la providence anonyme qui vient noblement et saintement au secours du poëte !

Nous la remercions pour les lettres, nous la remercions pour la France.

Car, si M. de Lamartine a eu, selon nous, des torts politiques; si nous osons le lui dire en vertu de notre droit d'historien, il n'en est pas moins vrai que ses œuvres nous restent, œuvres sublimes, œuvres éternelles, qui sont la gloire du pays et obtiennent les applaudissements du monde.

FIN.

NOTE SUR L'AUTOGRAPHE

La lettre de Lamartine dont nous donnons le *fac-simile* à nos lecteurs prouve combien il soignait cette réputation parlementaire à laquelle il a si malheureusement sacrifié la poésie.

J'ai l'honneur de vous envoyer
en cartons un exemplaire
où j'ai noté les corrections, les
sensations et applaudissements — ou
ma mémoire m'a les a rappelés
et tels que je les ai crus
reproduits dans les réimpressions
s'il y en a   tous aussi

Lamartine